NOUVELLE ÉDITION

LE
BAL MASQUÉ

OPÉRA EN CINQ ACTES

MUSIQUE DE

G. VERDI

PAROLES FRANÇAISES D'ÉDOUARD DUPRÈZ

UN FRANC

M · L

PARIS

MICHEL LÉVY FRÈRES, ÉDITEURS

RUE VIVIENNE, 2 BIS, ET BOULEVARD DES ITALIENS, 15

A LA LIBRAIRIE NOUVELLE

MDCCCLXX

LE
BAL MASQUÉ

OPÉRA EN CINQ ACTES

PAROLES FRANÇAISES DE M. ED. DUPREZ

MUSIQUE DE G. VERDI

Représenté pour la première fois, à Paris, sur le THÉATRE
IMPÉRIAL LYRIQUE, le 17 novembre 1869

PARIS
MICHEL LÉVY FRÈRES, ÉDITEURS
RUE VIVIENNE, 2 BIS, ET BOULEVARD DES ITALIENS, 15
A LA LIBRAIRIE NOUVELLE

—

1870

PERSONNAGES

RICHARD, comte-duc d'Olivarès.........	MM. Massy.
RENATO, son secrétaire, époux d'Amalia..	Lutz.
AMALIA.............................	Mmes Meillet.
ULRIQUE, devineresse albanaise.........	Borghèse.
OSCAR, page.... :....................	Daram.
SYLVANO, matelot	MM. Bacquié,
SAMUEL, } ennemis du Comte .... {	Aubert.
TOM, { }	Giraudet.
LE GRAND JUGE...................	Auguez.
UN PAGE...........................	
UN VALET D'AMALIA ....:...	Brisson.

Seigneurs, Conjurés, Officiers, Députés, Matelots.
Paysans, Paysannes, Enfants, Gardes, Masques, Dominos,

La scène se passe vers la fin du XVe siècle à Naples, pendant la domination espagnole.

La musique du *Bal masqué* (*un Ballo in maschera*) est la propriété de M. Léon Escudier, éditeur des œuvres de Verdi, rue de Choiseul, 21

LE BAL MASQUÉ

ACTE PREMIER

Un salon d'attente dans le palais du gouverneur. Au fond, l'entrée de son appartement, cachée par un immense rideau. Des groupes de seigneurs, de députés, d'officiers et gens du peuple attendent le lever du comte ; sur le devant, à gauche, Samuel et Tom sont entourés de quelques-uns de leurs complices.

SCÈNE PREMIÈRE.

SAMUEL, TOM, Conjurés, Seigneurs, Gens du Peuple, etc.

INTRODUCTION

CHŒUR.

Doux sommeil, souris à notre père,
Verse-lui ton baume et tes bienfaits ;
Et, bercé d'une douce chimère,
Fais-lui voir, en rêvant, les heureux qu'il a faits.

TOM, SAMUEL ET LES CONJURÉS, à part.

Toi, qui fis nos maux, notre misère,
N'attends plus de pardon ni de paix ;
A nos coups rien ne peut te soustraire,
Entre nous, c'est la haine à jamais.

SCÈNE II.

LES MÊMES, OSCAR, puis RICHARD.

OSCAR, annonçant.

Voici le comte !

RICHARD.

A tous, salut ! Mes frères,
Vous, que je trouve autour de moi.
(Des officiers, des soldats et des gens du peuple lui présentent des placets, qu'il accepte avec empressement.)
Donnez, donnez, que vos prières

LE BAL MASQUÉ.

Soient pour mon cœur une suprême loi.

(S'adressant à d'autres qui lui présentent des pétitions.)

Donnez encore... et suppliques et plaintes;
Ah! bannissez vos craintes!
Les larmes du malheur sont touchantes et saintes.

OSCAR, remettant un billet à Richard.

Lirez-vous ce billet, que ferme un doux emblême?

RICHARD, à part, après avoir lu.

On danse!... Et j'y puis voir le bel ange que j'aime!
Amalia! mon trésor, mes amours!
Ne pouvoir lui donner mes jours!

CANTABILE.

Pour un seul mot, pour un regard,
Pour un de tes sourires,
Que n'ai-je des empires
Pour t'en donner ma part!
Que vaut la gloire et la grandeur,
Fortune et rang suprême,
S'il faut cacher au fond du cœur
Jusqu'au nom de celle que j'aime!

CHŒUR.

Quel trouble ici l'agite?
Il gémit, il s'irrite.
Qu'importe! s'il médite,
C'est pour notre bonheur!

SAMUEL, TOM ET LES CONJURÉS.

Quel sentiment remplit son cœur?
Est-ce remords, est-ce terreur?

RICHARD.

Oui, du destin, telle est la loi,
Il me faut renoncer à toi.

OSCAR ET LE CHOEUR.

Il gémit, il soupire,
Il accuse le sort.

SAMUEL, TOM, CONJURÉS.

La haine qu'il inspire
Ne meurt ni ne s'endort.
Ses moments sont comptés, vers lui marche la mort.

RICHARD.

Laissez-moi seul. A bientôt, mes amis!

(Tous s'éloignent par les deux portes latérales, à droite et à gauche.)

SCÈNE III.

RICHARD, RENATO.

(Oscar, qui s'éloignait le dernier, introduit Renato, qu'il voit sur le seuil de la
porte du fond, à gauche.)

OSCAR, bas à Renato.

Approchez, il est seul,

(Oscar sort.)

RENATO, à part.
En proie à des soucis !

RICHARD, se croyant seul.

Amalia !

RENATO, s'avançant.
Seigneur !

RICHARD, se retournant.
C'est son époux ! son maître !

RENATO.
Pardonnez-moi, si je pénètre
Auprès de vous...

RICHARD.
Venez, je souffre, et mon tourment
Ne finira qu'avec ma vie.

RENATO.
Qu'entends-je ?

RICHARD, se levant.
Eh bien, ami ?

RENATO.
D'un secret important...

RICHARD.

Achève !

RENATO.
Ce palais n'est plus un sûr asile,
Il recèle un parti pour toi toujours hostile,
Tes jours sont menacés.

RICHARD.
N'est-ce donc que cela ?

RENATO.
Reste !... mais si tu l'oses,
A la mort tu t'exposes.

RICHARD.
Eh bien ! attendons-la

RENATO.
T'instruire est mon devoir.

RICHARD.
Ami, point de vengeance.

J'aime mieux ignorer qu'il est des cœurs pervers.
(Il va se replacer sur le siége qui est près de la table.)
Les tourments et les fers,
Sont sans puissance;
Va, mieux vaut la clémence!

CANTABILE.

RENATO.

Ah! je m'incline et vous admire,
En pardonnant à leur délire
Vous affermissez votre empire;
Oui, comptez sur moi, sur mon bras.
Que l'ami de ma patrie,
A mon honneur se confie,
Et permets, Dieu que je prie,
Que le sort ne trahisse pas
Le soldat offrant sa vie,
Pour obtenir un beau trépas.

SCÈNE IV.

Les Mêmes, OSCAR, LE GRAND JUGE.

OSCAR, annonçant.
Le premier président!

RENATO, assis.
Qu'il vienne!

LE GRAND JUGE, présentant à Richard des arrêts à signer.
Comte!...

RICHARD, lisant.
Que vois-je? un arrêt pour bannir...
Quoi! toujours!
(Il signe et rend l'arrêt au juge, puis il en lit un autre.)
Ciel! une femme... et chrétienne!

LE GRAND JUGE.
Une sorcière!... albanaise... et païenne!

OSCAR.
On la consulte chaque jour,
Elle prédit le bien et le mal tour à tour.

LE GRAND JUGE.
Mais nos lois ont parlé, le bûcher la réclame.
Veuillez signer, seigneur, l'arrêt de cette femme;
Le bourreau pour son crime, un prêtre pour son âme!

RICHARD, à part.
Oscar, crois-tu cela?

OSCAR.

Je crois... qu'il faut en rire.

BALLADE.

Pour les amants et pour les belles,
Les époux, les femmes fidèles,
Elle a toujours bonnes nouvelles
Et surtout de sages avis.
Ah! s'ils étaient suivis,
Que de miracles accomplis,
Par les amants, par les maris!...
Laissez-la donc évoquer les esprits,
Moi, j'en ris!

RICHARD.

Bravo! le loyal enfant,
La soutient et la défend.

OSCAR.

Au pauvre qui peint sa misère
A celui qui se désespère,
Elle dit : « Dieu te voit mon frère!
Par lui, tes maux seront guéris. »
Ah! qu'ils soient donc bénis,
Ces mots d'espoir, ces bons avis ;
Que de cœurs par eux sont ravis!
Laissez-la donc évoquer les esprits,
Moi, j'en ris!

LE GRAND JUGE.

La loi la condamne!

OSCAR.

Je l'absous, moi, profane!

LE GRAND JUGE.

Et vous, seigneur?...

RICHARD.

Oh! moi, je ferai mieux...
Je verrai par mes yeux.

(Le grand juge se retire, Renato et Oscar font rentrer les autres personnages qui s'étaient éloignés.)

SCÈNE V.

LES MÊMES, SAMUEL, TOM, CONJURÉS, SEIGNEURS, GENS DU PEUPLE.

RICHARD.

Messieurs, je veux m'instruire,
Avant que de proscrire.
Où je veux vous conduire

Me suivrez-vous?
RENATO.
Toujours et tous !
RICHARD.
Sans nous faire connaître !
RENATO.
Seigneur, vous êtes maître.
OSCAR.
A ses yeux pour paraître,
Messieurs, déguisons-nous.
RENATO, bas, à Richard.
D'un danger pour vous, je crains la menace.
RICHARD.
Mais enfin, quel danger...
SAMUEL ET TOM, aux conjurés.
　　　　　　Pour nous, suivons sa trace,
Mes amis, il le faut.
RICHARD.
Que chacun s'habille bientôt...
En matelot !
SAMUEL et TOM.
Le sort secondant nos desseins,
Amis, le remet en nos mains.

ENSEMBLE.

RICHARD,
Suivez-moi dans ce séjour d'horreur,
Vous qui ne connaissez point la peur;
Si du sort vous briguez la faveur,
Là peut-être est pour vous le bonheur.
RENATO.
Je crains tout de leur noire fureur.
Pour un maître chéri, moi j'ai peur.
Suivons-le dans ce séjour d'horreur;
Il aura près de lui son sauveur.
OSCAR.
A l'objet qui séduisit mon cœur,
Qu'elle dise un mot en ma faveur,
Je promets d'être son protecteur,
Son ami, son soutien, son vengeur.
RICHARD.
Messieurs, soyez au rendez-vous;
Amis, venez-y tous;
N'y manquez pas,
Car ici-bas
Il faut saisir
Le plaisir !

Et puissions-nous, selon nos vœux,
Même en ces tristes lieux,
Faire encor des heureux.

TOUS, excepté TOM et SAMUEL.
Allons au rendez-vous!
Messieurs, soyons-y tous.
N'y manquons pas,
Car ici-bas
Il faut saisir
Le plaisir!
Et puissions-nous, selon nos vœux,
Faire encor des heureux.

TOM, SAMUEL, CONJURÉS, à part.
Mes amis, tout sourit à nos vœux,
Poursuivons nos projets ténébreux,
Profitons et de l'heure et des lieux,
Et frappons au milieu de leurs jeux.

STRETTA.

OSCAR.
Et vous tous, mes seigneurs, répétez avec moi :
A toi, Richard, nos vœux, nos cœurs et notre foi.

RICHARD, à part.
Il n'est qu'un seul désir, un seul bonheur pour moi,
O mon ange adoré, c'est d'obtenir ta foi.

RENATO.
Bannissons mon effroi,
Tout m'en fait une loi,
Richard, compte sur moi,
Je veillerai sur toi.

SAMUEL, TOM, CONJURÉS.
Oui, pour nous point d'effroi,
Du devoir c'est la loi;
Tes jours seront à moi,
Richard, malheur à toi!

OSCAR et CHŒUR.
Vrai soutien de la foi,
A lui mon sang, ma loi;
Richard, compte sur moi.

(Tous sortent.)

ACTE DEUXIÈME

L'antre de la sybille. Cheminée à droite ; dans la cheminée, un chaudron sur son trépied ; une table rustique au milieu de la chambre ; porte au premier plan, à gauche ; à droite, quelques marches taillées dans le roc conduisant à une petite porte. Au fond, une grande porte rustique ; au lointain, une campagne déserte ; lampe suspendue au plafond ; crocodile, serpents, poissons volants, oiseaux de nuit suspendus à la voûte.

SCÈNE PREMIÈRE.

ULRIQUE, FEMMES ET ENFANTS, au fond.

Ulrique est devant la cheminée jetant divers ingrédients dans son chaudron bouillant sur un trépied ; elle a sa baguette devinatoire à la main. La porte du fond est ouverte. Des femmes et des enfants sur le seuil examinent curieusement la sorcière dans ses travaux cabalistiques.)

FEMMES ET ENFANTS.

Venez. Craignons d'exciter sa colère ;
Voici l'antre de la sorcière !

ULRIQUE, inspirée.
(Elle quitte la cheminée et vient au milieu de la scène.)

ÉVOCATION.

Roi des abîmes, viens à moi !
Viens, descends sur notre terre ;
Ici je t'attends sans effroi,
Ton esclave implore ta loi.
Trois fois dans l'air l'oiseau de nuit
S'épouvante et gémit.
La salamandre dans les bois
Brûle en sifflant trois fois ;
Trois fois un long gémissement
Sort du tombeau béant,
Et, dans l'air, un cri de douleur
Vient nous glacer d'horreur.

SCÈNE II.

LES MÊMES, RICHARD, en habit de matelot.

(Richard passe au milieu du groupe de femmes et d'enfants, franchit les quelques marches à droite, ouvre la petite porte et se cache derrière.)

RICHARD, passant au milieu du groupe.
Je les devance.

LES FEMMES, reconnaissant Richard.
Arrière... silence !

Le maître s'avance.

(La nuit vient.)

RICHARD, sur les marches de l'escalier

Tout devient sombre et la nuit commence.

(Il se cache.)

ULRIQUE, avec exaltation.

C'est lui! c'est lui! Je reconnais
A son regard de flamme
L'amour ardent dont tous les traits
Ont pénétré son âme.
Dieu me montre la trame
D'un horrible complot;
Oui, c'est pour une femme
Qu'il doit périr bientôt!
Mon art funeste
Me fait voir son destin.
Tout me l'atteste,
Richard, tu dois mourir du fer d'un assassin.
Mon œil découvre
Son funeste avenir,
Et mon savoir ne peut l'en garantir.
O terre! entr'ouvre
Ton sein pour m'engloutir!

CHŒUR.

Vraiment de terreur on se sent frémir!

ULRIQUE, se tournant du côté où est caché Richard.

Prends garde!

CHŒUR.

Silence!

SCÈNE III.

LES MÊMES, SYLVANO, écartant la foule.

Allons, faites place!
Il faut, quoi qu'on fasse,
En ces lieux venir,
Et vraiment j'en ai honte.
La sorcière noire, à ce qu'on raconte,
A parler est prompte.
Il faut qu'elle dise au marin du comte
Ce qu'il doit espérer, quel est son avenir,
Humble et pauvre soldat s'il me faudra mourir!

ULRIQUE.

Qui parle?

SYLVANO.

Un vieux soldat. Faudra-t-il toujours l'être?

RICHARD, qui a ouvert la porte et prête l'oreille.

Non pas, si Richard est le maître !

(Il descend sans être aperçu, tire son carnet, trace quelques mots sur le coin de la table, passe derrière Sylvano et glisse dans la poche droite de celui ci le feuillet arraché.)

ULRIQUE, à Sylvano.

Approche !

SYLVANO.

J'écoute...

ULRIQUE, prenant sa main.

En ta main vraiment,
Je vois d'un haut grade l'espoir imminent.

SYLVANO.

Tu railles !

ULRIQUE, tendant la main.

Non. Paie !

(Sylvano lui donne une pièce de monnaie.)

RICHARD, glissant le papier dans la poche de Sylvano.

Ah ! le tour est plaisant !

SYLVANO.

Un brevet d'officier, sur l'honneur, m'irait bien ;

(Fouillant dans ses poches.)

Mais j'ai beau le chercher, je n'y vois pas le mien.

(Il tire un papier de sa poche droite et lit.)

« Sylvano, — c'est mon nom, — officier de marine. »
Sorcière de Satan, tu railles, j'imagine !

CHŒUR.

Et comment ne pas croire à cette voix divine,
Qui nous cache le mal et ne dit que le bien ?

(On entend frapper à la petite porte de gauche. Ulrique va ouvrir ; un Valet paraît.)

TOUS.

Qui frappe?

SCÈNE IV.

LES MÊMES, UN VALET, puis AMALIA.

RICHARD, à part.

Eh! mais, c'est lui, c'est le valet fidèle
De mon Amalia! Dans ces lieux qui l'appelle ?

LE VALET; il tire Ulrique à part, Richard écoute.

A moi, sorcière ! Et venez à l'écart...
Je viens, non pas pour moi, mais je viens de la part
De ma noble maîtresse ;
Elle veut vous parler seule, et, je le confesse,
Elle a bien tort, et c'est grande faiblesse.

RICHARD, à part.

Qu'entends-je !

ULRIQUE.

Je l'attends.

LE VALET.

Quoi ! vous saviez déjà ?...

ULRIQUE.

Qu'elle viendrait ce soir ? Oui, sans doute.

(Montrant la porte.)

Elle est là !

(S'adressant aux gens du peuple.)

Vous tous, qu'on se retire !...

RICHARD, à part.

Non pas moi.

(Il remonte le petit escalier et se cache derrière la porte.)

ULRIQUE.

J'ai besoin, pour répondre à vos vœux,
De parler à l'Esprit qui m'inspire.
Qu'on sorte, de grâce ! Partez ! je le veux !...

TOUS.

Arrière, cédons !
Et partons !

(Tous sortent ; la porte du fond est refermée.)

SCÈNE V.

AMALIA, ULRIQUE, RICHARD, caché.

ULRIQUE, allant au-devant d'Amalia.

Approchez-vous. Pourquoi trembler ainsi ?

AMALIA.

Et qui ne tremblerait en paraissant ici ?

RICHARD, sortant de sa retraite.

C'est elle !

ULRIQUE.

On vous écoute.

AMALIA.

Femme,
En ce lieu tu ris de me voir ;
Mais si j'y viens, c'est par devoir :
Je veux bannir un amour de mon âme !

RICHARD.

Adorable trésor !
C'est moi qu'elle aime !

ULRIQUE.

De ce mal même

On peut guérir encor !
Il est un rameau mystique
Que Dieu cache aux mortels.
Mon art l'applique
Aux maux d'amour... si cruels!
Il faut, et sans attendre,
Aller le cueillir...

AMALIA.

Où?

ULRIQUE.

Sans vous laisser surprendre.

AMALIA.

J'irai... j'irai le prendre !

ULRIQUE.

En ce lieu de douleur,
Dont le nom fait horreur,
Pour guérir votre cœur
Irez-vous bien sans peur ?
Ce lieu d'ignominie
Cache l'herbe bénie,
Parmi les morts damnés,
Par la loi condamnés,
Loin du monde et du bruit,
Irez-vous à minuit?

AMALIA.

Tais-toi, tais-toi, sorcière !

ULRIQUE.

Eh quoi ! déjà ton front pâlit,
Voilà donc cette âme si fière !

RICHARD, à part.

O ciel ! elle faiblit !

ULRIQUE.

Que crains-tu donc ?

AMALIA.

Dieu, femme !

ULRIQUE.

Il t'a bénie.

AMALIA.

A lui donc je me fie,
Et lui livre ma vie.

ULRIQUE.

A minuit?..

AMALIA.

Oui.

RICHARD, à part.

Cher ange !
Un ami t'y suivra,

Ah ! ne crains rien, je serai là.

AMALIA.

Hélas ! pour moi tout change !
Pouvoir immense, étrange,
Qui maîtrise mon cœur
Et bannit ma terreur !

ULRIQUE.

Allons, plus de frayeur,
Va donc guérir ton cœur.

RICHARD.

O trésor de ma vie !
Ne me sois point ravie.
Cher ange ! Ah ! je me sacrifie ;
Je ne veux que ton cœur.
Ce seul bien que j'envie,
En te laissant l'honneur,
Suffira seul à mon bonheur.

ULRIQUE, à Amalia.

Pars donc, et va guérir ton cœur,
Ne pas aimer, c'est le bonheur.

STRETTA.

RICHARD.

L'honneur m'en fait la loi,
Je lui rendrai sa foi,
Adieu, rêves d'espoir,
L'amour cède au devoir.

AMALIA.

Mon Dieu, protégez-moi !
Dissipez mon effroi,
Je cède à mon devoir,
Plus d'amour, plus d'espoir.

ULRIQUE.

En mon art elle a foi.
Oui, tout subit ma loi,
Amour et fol espoir
Vont céder au devoir.

CHŒUR, au dehors.

Fille du diable ! allons, mégère
Lorsqu'on t'appelle, ouvre, sorcière !

ULRIQUE.

Partez vite,

AMALIA.

J'ai peur.

ULRIQUE.

Sans tarder davantage.

C'est l'heure.

AMALIA.

Oh! non, je tremble.

ULRIQUE.

Allons, allons courage !

(Ulrique conduit Amalia à la petite porte de gauche. Richard remonte l'escalier de droite.)

SCÈNE VI.

ULRIQUE, OSCAR, TOM, SAMUEL, RICHARD, Seigneurs,
déguisés en matelots et marins.

CHŒUR.

Noire servante
Des noirs esprits,
Sans épouvante
Vois tes amis.

OSCAR, cherchant des yeux.

Somn es-nous les premiers, Richard est-il ici ?

RICHARD, sorti de sa retraite vient à Oscar.

Tais-toi, tais-toi, car me voici.

(S'approchant d'Ulrique.)

Sorcière, à moi ! Parle sans feinte,
J'entendrai tout, je suis sans crainte.

AIR.

O toi, qui sais tout, sorcière ou génie,
Sybille ou démon, dis-moi, je t'en prie,
Si je suis aimé de ma douce amie,
S'il faut, en partant, croire à son amour ;
Elle est, tu le sais bien, ma lumineuse étoile ;
Aux flots inconstants quand je livre ma voile
Sais-tu si son cœur gémit en ce jour ?
S'il désire encor l'instant du retour ?
Surtout apprends-moi si son cœur est fidèle,
Je puis tout souffrir pour l'amour de ma belle :
La fureur des vents et les courroux des mers.
Oui, l'on me verrait pour un seul regard d'elle
Défier le ciel et braver les enfers.

II

Parfois, sur le soir, seul, au gré de l'onde
Je rêve en fuyant le bruit et le monde ;
J'appelle et j'attends que l'écho réponde,

Mais, l'écho discret trompe mon espoir.
Toi, qui la connais, cette femme chérie,
Est-ce trop donner que de donner sa vie
Au trésor si doux, à l'ange ravissant,
Que, dans mon ardeur, j'adore en priant.
Ah ! si j'ai sa foi, si son cœur m'est fidèle
Je puis tout braver pour l'amour de ma belle:
La fureur des vents et le courroux des mers.
Oui, l'on me verrait, pour un seul regard d'elle,
Défier le ciel et braver les enfers !

ULRIQUE.

Écoutez ! Votre joyeuse attente
Peut en pleurs à l'instant se changer.
Vous savez ma force puissante....
En venant ici m'interroger,
Le défi d'une voix insolente
Est mortel pour qui vient m'outrager.

RICHARD, tendant sa main.

A l'épreuve !

SAMUEL, à part.
Aura-t-il l'audace ?...

OSCAR, présentant aussi la main.
Parle !

RICHARD, à Oscar.
Cède-moi ta place.

OSCAR.

J'obéis !

ULRIQUE, examinant les mains de Richard.
Ton destin se dévoile,
L'Esprit me montre ton étoile.

OSCAR, riant.
Brillante et sans voile ?...

RICHARD, à Oscar.

Silence !

ULRIQUE, quittant la main de Richard.
O maître ! assez ! Tiens, sois sage, fuis-moi !...

RICHARD.

Fuir, c'est lâche !

ULRIQUE.
Oh ! non ! fuis... pour toi.

RICHARD.

Parle !

ULRIQUE.

Non !

RICHARD.

Parle! je t'en prie!

TOUS.

Que veut-il obtenir?

RICHARD, à Ulrique.

Je te l'ordonne!

ULRIQUE.

Eh bien, tu vas mourir!

RICHARD.

Avec gloire? En ce cas, sois bénie.

ULRIQUE.

Tu mourras d'une main amie.

OSCAR.

Mensonge!

TOUS.

Ah! tais-toi! quelle horreur!

OSCAR.

Croit-elle ainsi nous faire peur?

RICHARD.

Messieurs, je lui pardonne,
Amis, imitez-moi,
Ce qu'elle voit l'étonne
Et cause son effroi.
Qui peut vouloir ma vie?
Qui voudrait me trahir?
Je ris de sa folie
Pour ne pas l'en punir.

ENSEMBLE.

ULRIQUE.

Oui, chez moi c'est folie,
Mais mon art vous défie.
(Fixant Samuel et Tom.)
M'oseriez-vous punir,
Vous, que je vois pâlir?

SAMUEL, TOM et CONJURÉS.

Si Dieu défend sa vie,
Au nom de la patrie,
Nous devons le punir.
Pour le salut de tous, Richard tu dois mourir!

OSCAR.

Peut-être en sa folie,
Dans un transport ravie,
Dieu lui dévoile en secret l'avenir;
Ah! loin de la punir,
Gardons sa vie,

Sa voix amie
Viendra nous avertir.

CHOEUR.

Est-ce rêve ou folie?
Quoi ! Richard doit périr !
Grand Dieu ! daignez le soutenir !
Pour la patrie
Gardez sa vie,
Pour elle seule il doit mourir !

RICHARD.

Sorcière, peux tu dire
Qui doit-être mon assassin?

ULRIQUE.

Celui qui, le premier, viendra prendre ta main.

RICHARD, allant tendre la main à ses amis.

Allons, messieurs, venez la contredire,
Votre main... J'en veux rire.

(Il présente sa main que personne n'ose prendre.)

Personne !

(En ce moment entre Renato, Richard court à lui en lui tendant la main,
Renato la prend.)

SCÈNE VII.

LES MÊMES, RENATO.

RICHARD.

Ah! Renato!...

OSCAR et LES SEIGNEURS.

Lui, traître?

SAMUEL, TOM, CONJURÉS.

Je respire!

Il nous sauve aujourd'hui.

OSCAR et LES SEIGNEURS.

L'oracle est en délire.

RICHARD, à Ulrique.

J'ai serré la main d'un ami,
Puis-je encor craindre, et que t'en semble ?

RENATO.

Cher comte !

ULRIQUE, à part.

C'est le sort qui l'a conduit ici.
Et maintenant je tremble !

RICHARD, à Ulrique.

Ton art est en défaut, l'esprit se rit de toi,
Pour te dédommager, prends donc ceci, crois-moi.

(Il lui offre une bourse qu'elle refuse.)

ULRIQUE.

Non.

RICHARD.

Pourquoi ce refus?

ULRIQUE.

Merci, généreux cœur.

(A part.)

Mon Dieu! pour lui j'ai peur!

(A Richard.)

On te menace !

SAMUEL et TOM.

Encor !

RICHARD.

Tais-toi, sorcière habile.

(On frappe au dehors.)

TOUS.

Qui frappe?

CHŒUR au dehors.

Amis! Ouvre, sybille!

SCÈNE VIII.

Les Mêmes, Hommes et Femmes du Peuple.

SYLVANO, s'adressant aux gens du peuple.

Oui, mes amis, c'est lui chez la sorcière,
Venez tomber aux pieds de notre père.

(Tous viennent entourer Richard.)

CHŒUR.

Salut à notre gouverneur!
Salut à notre bienfaiteur!
Salut au soutien de nos droits!
A l'ami du peuple et des lois!

ENSEMBLE.

RICHARD.

Ici que puis-je craindre?
Quel coup pourrait m'atteindre?
Aucun d'eux n'est à plaindre
De vivre sous mes lois.

OSCAR.

Ici que peut-il craindre?
Quel coup pourrait l'atteindre?
Aucun d'eux n'est à plaindre
De vivre sous ses lois.

RENATO.

Leurs cœurs ne sauraient feindre,
Rien ne peut les contraindre,

Et pour bénir ses lois,
Tout s'unit à leurs voix.

SAMUEL, TOM, conjurés.

Oui, tyran, tu dois craindre,
La haine a su t'atteindre;
Tu dois tomber, et cette fois
Nous dicterons nos lois.

ULRIQUE.

Dieu que j'implore, tu le vois,
Il vole au danger qu'il doit craindre;
De ses enfants entends la voix,
Puisse la mort ne pas l'atteindre.

RENATO.

S'il court quelque danger, son serviteur est là;
Le ciel est avec nous, Dieu le protégera.

OSCAR.

Oui, oui, de ces présages-là
Chacun rira.

ULRIQUE.

Contre tous, Dieu le soutiendra,
Le défendra.

RICHARD.

Oui, de cette menace-là
Chacun rira.

SAMUEL, TOM, conjurés.

De l'ennemi commun mon bras me vengera;
Avant peu, sous mes coups, le tyran tombera!

CHŒUR.

Oui, Dieu le protégera.

ACTE TROISIÈME.

Un champ désert aux environs de Naples aux pieds d'une colline escarpée. A gauche, de grossiers pilastres de pierre liés entre eux par une barre de fer transversale, destinée à supporter les suppliciés; ce sont les fourches patibulaires. Un épais brouillard s'élève de la vallée; il est percé par les pâles rayons de la lune.

——

SCÈNE PREMIÈRE.

AMALIA, RICHARD, cachés d'abord derrière les piliers de gauche.

AMALIA. Elle arrive tremblante et se soutenant à peine.
Voici le lieu d'horreur, l'affreux abîme
De la mort et du crime!
Mon Dieu, mon Dieu, soutenez-moi!
Tout fait naître ici mon effroi.
(Elle descend de la colline.)
Là, le gibet infâme!
La plante est là qui doit guérir mon âme;
Tout ce qu'on voit ici me glace de terreur,
D'effroi, de honte!
Dieu voit, pour sauver mon honneur,
Les périls que j'affronte!
(Elle approche des piliers.)
Approchons... Juste ciel! si je perdais la vie!
Qu'importe!... au Dieu sauveur
Je me confie!

CANTABILE.
Triste fleur, que ma main va cueillir,
Je voudrais, mais en vain, ne pas faiblir.
Sous mes doigts quand la mort va te flétrir;
C'est mon amour, hélas! qui doit finir.
Soyons forte, mon âme, courage!
Cet amour était mon seul bien,
Je le chasse et mon cœur n'a plus rien.
Souffrir, aimer, voilà notre partage;
Au devoir je vais obéir;
D'une douce erreur je vais me punir,
Car sans mon amour, je n'ai plus qu'à mourir.
(On entend au loin sonner minuit.)
Minuit sonne!
Je frissonne,

Le courage m'abandonne;
Toi que j'aime, oh! pardonne!
A perdre le bonheur,
Hélas! je me résigne!
Tu m'as donné ton cœur,
Et j'en veux être digne.

(Elle avance vers le pilier; Richard, qui était caché derrière, se montre;
Amalia recule épouvantée.)

Ciel! une ombre!
Du lieu sombre
Vient-elle de sortir?
A son aspect, ah! je me sens frémir!
Je le vois, tu viens me punir.
A mes serments j'allais mentir,
Seigneur, Seigneur, pitié! j'expire.

(Elle est prête à s'évanouir, Richard la soutient dans ses bras.)

RICHARD.

Calme-toi.

AMALIA.

Juste ciel!

RICHARD.

Cher ange!

AMALIA.

Ah!

RICHARD.

Quel délire!

AMALIA.

Ta présence en ces lieux augmente mon martyre,
Contre mon cœur le ciel conspire;
Je crains tout près de toi.

RICHARD.

Toi trembler? eh pourquoi?
Toi me craindre, ô cher ange que j'aime!
Mais c'est moi-même
Qui crains ton ordre suprême.

AMALIA.

Comte, songez ainsi que moi
Qu'un autre a ma foi!

ENSEMBLE.

RICHARD.

Ah! cruelle! épargne à mon âme,
La torture qui l'enflamme;
Nous sommes seuls et, malgré moi,
Je ne vois ici que toi.

AMALIA.

Quand je me livre à ta foi,

Richard, par grâce, épargne-moi.

RICHARD.

Si cet amour doit être un crime,
J'en suis puni, j'en suis victime,
Et je sens au remords qui m'anime,
  Combien tromper nous fait souffrir.
Dans mon cœur se glisse en traits de flamme
Le remords qui me force à rougir.
Pour moi seul les tourments et le blâme !
J'ai donné, par un échange infâme,
Mon honneur pour l'amour d'une femme,
Ah ! du moins, donne-moi ton amour,
Pour ce prix je te livre mon âme,
Et l'honneur que je perds sans retour.

AMALIA.

Plus un mot ! épargne ma faiblesse,
Vois, Richard, le tourment qui m'oppresse,
De Dieu craignons la main vengeresse,
  Il nous voit, il nous juge ! Ami, cesse !
Ah ! cher Richard ! respect à lui,
A mon époux... à ton ami.

RICHARD.

Eh bien donc, un mot suprême !

AMALIA.

Dieu regarde !

RICHARD.

Eh qu'importe ? Un mot...

AMALIA.

Ah ! par pitié !..

RICHARD.

Un seul mot... rien qu'un mot d'amour... ou d'amitié.

AMALIA.

Eh bien !... je t'aime !
Et ce cri de mon cœur
Te livre mon honneur !

RICHARD.

Parle, parle, douce amie,
Mon âme, à ta voix, ravie,
Vole aux cieux !... à toi, ma vie,
Pour un seul mot, un espoir.
Que maudit soit le devoir !
  C'est en vain qu'il m'enchaîne,
  Mon amour seul m'entraîne.
  Je n'entends que sa voix :
  C'est la voix qui t'implore,
  Ravis-moi, parle encore,
  L'amour qui me dévore

Soumet tout à ses lois.

AMALIA.

Ainsi qu'en mes doux songes,
Tu m'apparais et, malgré moi,
L'ivresse où tu me plonges
Remplit mon cœur d'effroi.
Pourrai-je te le taire?
Je t'appartiens, à toi mon cœur,
Mais si je te suis chère,
Richard, rends-moi l'honneur!
Adieu, je dois te fuir.

RICHARD.

Oui, viens, partons tous deux, fuyons, c'est mon désir!

AMALIA.

Mais c'est le déshonneur, mieux vaut cent fois mourir!

(Richard cherche à entraîner Amalia, qui résiste. En ce moment paraît Renato,
enveloppé d'un long manteau. Il reste sur la colline et les examine en silence. Amalia, en l'apercevant, pousse un cri et redescend en se couvrant de
son voile.)

SCÈNE II.

LES MÊMES, RENATO.

AMALIA.

Quelqu'un est là.

RICHARD.

Les morts sortent-ils de la tombe?
Ciel! Renato!... Renato!...

AMALIA.

Je succombe!

RICHARD, à Renato.

C'est toi?

RENATO.

Ton plus fidèle ami,
Qui, pour sauver tes jours, en ces lieux t'a suivi.
On t'épie!

RICHARD.

Et qui donc?

RENATO.

Qui? des traîtres!

AMALIA, à part.

Ciel!

RENATO.

Ennemis de mon prince et du meilleur des maîtres,
Et si je viens à toi, c'est pour que tu pénètres

**

L'affreux complot qu'ils ont formé.
Ils ont dit, — c'est infâme,
Frappons-le dans les bras de la femme
Dont il est aimé !
Moi, grâce à ce manteau, j'ai trompé leur furie,
Pour un des conjurés, je me donne à leurs yeux.

AMALIA, bas à Richard.

Je meurs !

RICHARD, bas à Amalia.

Courage !

RENATO, lui mettant son manteau.

Allons, prends ce manteau... Ta vie
Est sauve !... Et sois heureux !

RICHARD, bas à Amalia.

Qu'à lui je te livre !

AMALIA, bas à Richard.

Pars, ami, je le veux.

Va !

RENATO, à Amalia.

C'est pour vous, madame, qu'il doit vivre !

AMALIA, bas à Richard.

Va-t'en; va-t'en !

RICHARD.

Sans toi ?
Préférer à la mort l'infâmie !

AMALIA.

Il faut me fuir, crois-moi.
J'ai trahi mes devoirs; je l'expie.

(Pendant ce dialogue, Renato s'est éloigné pour s'assurer que personne ne vient.)

RICHARD.

Non, non, mourons tous deux !

AMALIA.

Richard, un voile seul me dérobe à ses yeux.

RICHARD.

Eh bien ?

AMALIA.

Je le déchire.

RICHARD.

O ciel ! que vas-tu faire ?

(Amalia le congédie d'un geste impératif. Richard s'éloigne et trouve sur son passage Renato, qui l'arrête. Pendant ce temps, Amalia dit ce qui suit.)

Sauvons-le de lui-même, oui, sauvons, si je puis
Des jours précieux et bénis.
Je vais mourir, j'espère
Pour venger son honneur.

RICHARD, revenant avec Renato.

Tu m'aimes, Renato ; ton âme noble et fière
Est franche et généreuse, et tu vas m'obéir?

RENATO.

Que faut-il faire ?

RICHARD.

Respecter un mystère,
Un secret de mon cœur qu'on ne doit pas trahir!

(Lui montrant Amalia.)

Sans chercher à la voir, la feras-tu partir ?

RENATO.

Je le promets !

RICHARD.

Renato me le jure
Sur sa foi de soldat? Je l'accepte ; elle est sûre !

RENATO.

Je jure d'obéir !

ENSEMBLE.

AMALIA, à Richard.

Il me semble déjà les entendre.
Fuyez donc ! s'ils venaient nous surprendre ;
Contre eux tous qui pourrait nous défendre?
Pour vos jours, moi, je frémis, hélas!
Si ta foi fut vive et bien sincère,
Si vraiment un jour je te fus chère,
Par pitié, réponds à ma prière,
Fuis loin d'eux, ne meurs point dans mes bras !

RENATO.

O mon maître ! je crois les entendre ;
Contre tous je ne puis vous défendre.
Partez donc ! S'ils allaient vous surprendre,
Songez bien que c'est la mort, hélas !
Seuls contre eux nous défendre est chimère,
Ne repoussez pas notre prière ;
Voulez-vous expirer dans nos bras?

RICHARD.

Qui pourrait à cette voix si tendre,
Résister, et comment se défendre ?
Ah ! la mort peut venir me surprendre;
Que m'importe? Ah ! je ne la crains pas !
Trop heureux de mourir dans ses bras.
En cédant à sa douce prière,
D'un époux c'est braver la colère,
Et pour elle mieux vaut le trépas.

STRETTE.

RENATO, à Richard.

C'est pour toi que je tremble ;
Si l'on vous trouve ensemble
La mort vous unira.
Mais ne crains que pour toi, mon bras la défendra.
Va, va, je serai là !

AMALIA, à Richard.

Ah ! pour toi je tremble déjà !
Laisse-moi, Dieu nous conduira.
Va, va, la mort est là !

RICHARD.

Je te fuis, il le faut, le ciel me conduira.
Adieu donc, jusqu'au jour où Dieu nous unira !

(Richard sort.)

SCÈNE III.

RENATO, AMALIA.

RENATO.

Suivez-moi donc !

AMALIA, avec effroi.

Moi, grand Dieu !

RENATO.

Pourquoi craindre ?

Je suis un protecteur,
L'ami qui défendra vos jours et votre honneur.

SCÈNE IV.

Les Mêmes, SAMUEL, TOM, Conjurés.

CHOEUR, au loin et se rapprochant peu à peu

Avançons avec prudence,
Nous tenons notre vengeance ;
C'est lui seul qu'il faut punir
Par nos mains, il doit mourir.

AMALIA, à part.

Juste ciel !

RENATO.

Votre bras, madame, il nous faut fuir.

SAMUEL ET TOM.

Mais voyez donc à son côté !
N'est-ce pas là cette beauté,

Le bel ange consolateur
Des noirs soucis du gouverneur?

SAMUEL.

S'il se croit dans un doux rêve,
Que dans la mort il l'achève.

TOUS.

Oui, du ciel il descendra
Dans un enfer...

RENATO, allant à eux.

Qui va là?

SAMUEL.

Ce n'est pas lui!

TOM.

Qu'entends-je?

CONJURÉS.

Mort aux traîtres!

RENATO.

Paix! mes maîtres!
Ne me connaissez-vous pas?

TOM.

Renato, son complice!

SAMUEL.

Selon certain indice,
L'amour vous est propre,
Et l'on comprend votre embarras.

TOM.

Montrez-nous cette étoile
Dont vous paraissez si fier.

(Il s'approche pour regarder Amalia.)

RENATO, se plaçant devant Amalia.

Qu'un de vous seulement ose toucher son voile?...

(Il porte la main à son épée.)

SAMUEL.

Il nous menace!

TOM, se mettant en garde.

Ah! par l'enfer!

AMALIA, prête à s'évanouir.

O ciel! j'expire!

LES CONJURÉS, s'interposant.

A bas le fer!

(En ce moment la lune brille dans tout son éclat.)

RENATO.

Qui serait assez lâche?

SAMUEL ET TOM.

Eh! vraiment il se fâche.

TOM, allant pour arracher le voile d'Amalia.

En tout cas voyons-la.

RENATO, se place au devant de Tom, l'épée à la main. Celui-ci tire la sienne. On croise le fer.

Il me faudra ton sang pour l'affront que voilà!

AMALIA, elle se jette entre les combattants, dans ce mouvement son voile tombe, Renato reconnait sa femme.

Non! non! pour moi la mort!

RENATO.

O ciel! Amalia!

TOUS.

Sa femme!

AMALIA, à part.

Allons! la mort est là!

QUATUOR FINAL.

SAMUEL, TOM ET LES CONJURÉS, riant.

Vrai, l'aventure est peu commune,
Il doit être sans crainte aucune,
Un tête-à-tête au clair de lune;
Lune de miel! oui, morbleu, c'est cela!

(Riant aux éclats.)

Ah! ah! ah! ah!

C'est un époux en bonne fortune,
Messieurs, respect à tant de candeur;
L'hymen aussi garde sa pudeur,
N'allons pas troubler leur bonheur.

RENATO, à part.

Trompé par elle!

AMALIA.

O ciel! que dire?

RENATO.

Et par le comte!

Par lui, l'ingrat!

AMALIA.

Je meurs de honte!

RENATO.

Pour ce maudit
J'allais donner ma vie!

AMALIA.

Je le trompais, et le ciel m'en punit!

RENATO.

O perfidie!
Lâche infamie
Oui, bientôt Dieu me vengera!

AMALIA, à part.

Jamais il ne pardonnera!

RENATO.

Et l'enfer les réunira!

SAMUEL, TOM.
Ah! ah! ah! ah!
Vrai, l'aventure est peu commune :
Deux époux en bonne fortune!
Non, jamais on ne le croira!
Ah! ah! ah! ah!

RENATO, aux conjurés.
Messieurs, demain, de bonne heure,
Rendez-vous à ma demeure.

SAMUEL.
Si je n'y vais, que je meure!

RENATO.
Avec vous on agira.

SAMUEL.
Quoi! serais-tu des nôtres?

RENATO.
Mes haines sont les vôtres!

SAMUEL ET TOM.
Eh bien, allons!
Amis, partons!
Ayons en lui confiance;
Il nous promet la vengeance!

TOUS.
Puisqu'il promet la vengeance,
Nous oublierons son offense!
(Ils s'éloignent en riant et chantant.)
Ah! ah! ah! ah!
Deux époux en bonne fortune, etc.

SCÈNE V.
RENATO, AMALIA.

RENATO, sombre et sans regarder Amalia.
Je l'ai juré, soyez sans crainte.
Tout péril a fui pour vous!

AMALIA, à part.
La vie en moi s'est éteinte,
Je crains tout de son courroux!

RENATO.
Venez, madame... Allons!

AMALIA.
Grâce! pitié.

RENATO, lui faisant un geste impérieux.
Partons!
(On entend au lointain les éclats de rire des conjurés.)
Ah! ah! ah! ah!
C'est un époux en bonne fortune, etc.
(Renato et Amalia gravissent lentement la colline et disparaissent.)

ACTE QUATRIÈME

Salon-bibliothèque chez Renato. Au fond, deux corps de biblio-
thèque surmontés de bustes antiques en bronze. Entre les deux,
un grand portrait en pied de Richard, comte d'Olivarès. A droite,
au second plan, une cheminée sur laquelle sont deux urnes antiques en bronze. Fenêtre en face de la cheminée. Porte latérale
à droite et à gauche. Une table au milieu.

SCENE PREMIÈRE.

RENATO, AMALIA.

RENATO, a fait entrer d'abord Amalia ; il tire son épée et la pose sur la
table.

Point de pleurs, point de prière ;
Sans pitié pour l'adultère !
Rien ne peut changer ton sort,
Tu vas recevoir la mort !

AMALIA.

Tout m'accuse ; mais je le jure,
Par le ciel ! Oui, je suis pure !

RENATO.

Si près de mourir,
A quoi te sert-il de mentir ?

AMALIA.

Dieu connaît sur quel indice !...

RENATO.

Tu l'invoques ?...

AMALIA.

Oh ! oui... j'implore sa justice !

RENATO.

Tu mourras !

AMALIA.

Mais tu perds, songes-y bien,
Mon honneur et le tien.

RENATO.

Tu parles d'honneur, infâme !
Quand il m'est ravi par toi !

AMALIA.

Ne repousse point ta femme,
Elle a respecté sa foi,
Crois-en ton cœur et crois-moi.

RENATO.

Tu vas mourir !...

AMALIA.

J'aimais, pourquoi le taire ?
Mais sans honteux adultère.

RENATO, allant prendre son épée.

Es-tu prête ?... es-tu prête ?... A genoux !
Misérable adultère ! allons, meurs sous mes coups.

AMALIA.

Non ! arrête ! un mot, une grâce !

RENATO.

De Dieu seul ! car pour toi mon cœur sera de glace !

AMALIA, à ses genoux.

Un mot, un mot, ne me repousse pas ;
Ce sera le dernier, si tu le veux, hélas !

CANTABILE.

Je meurs ! mais d'une mère
Ecoutez la prière ;
Ah ! si je vous fus chère,
Laissez-moi voir mon fils, une fois !... la dernière !
C'est votre enfant... le mien... pitié... point de refus !...
Demain, je ne le verrai plus !
Hélas ! la mort s'avance ; au nom de Dieu lui-même,
Laissez-moi voir encore, à cet instant suprême,
Ce bel ange que j'aime.
Puis, vous prendrez mes jours ;
Mais que j'embrasse encore
Cet enfant que j'adore,
Notre fils, nos amours !
Las ! avant que mes yeux se ferment pour toujours !

RENATO, sans la regarder et lui montrant la porte de gauche.

Lève-toi !... là, dans l'ombre,
Va le presser entre tes bras ;
Choisis un lieu bien sombre
Où tu pourras rougir... Il ne te verra pas !

SCÈNE II.

RENATO, seul.

Faut-il frapper lorsqu'elle est sans défense ?
Ah ! mon cœur balance !
Dieu livre à ma vengeance
Le lâche auteur de mon offense.

(Se tournant vers le portrait qui est au fond.)

Voici l'infâme !... A lui ni pardon ni merci !
Non, non ! la mort à celui

Qui prend l'honneur de son ami?
(S'adressant au portrait.)
Et c'est toi qui déchires mon âme?
De ma vie, ah! tu brises la trame!
Car sans elle, hélas! sans cette femme,
C'en est fait, oui, tout est mort pour moi.
Ah! cruel, je t'ai voué ma vie,
Et la mienne en ce jour m'est ravie;
Oui, cruel, m'est ravie, et par toi.
Adieu donc mes beaux jours d'ivresse!
Doux plaisirs d'amour et de tendresse!
Dans ce cœur déchiré, las! tout cesse;
Tout me fuit, tout est mort sans retour.
C'en est fait, et mon destin m'entraîne :
Plus de paix, de bonheur dès ce jour.
Désormais je suis tout à ma haine,
Puisqu'hélas! j'ai perdu son amour!

SCÈNE III.

RENATO, SAMUEL, TOM.

(Ils entrent par la porte de droite; Renato va au-devant d'eux.)

RENATO.

Nous sommes seuls! Que l'on m'écoute;
Sachez-le, votre but pour moi n'est plus un doute :
On veut tuer Richard!

SAMUEL, tremblant.

Mensonge!... Et ce secret...

RENATO, tirant de sa poche plusieurs papiers.

Voici la preuve!

SAMUEL.

O ciel! Ton ami la connaît?...

RENATO.

Non; je suis du complot, et je sers ton projet.

SAMUEL ET TOM.

Que dis-tu?

RENATO.

Comme vous, je dis qu'il faut qu'il meure;
N'hésitons plus, amis, choisissons le jour, l'heure;
Je partage et je sers votre ressentiment.
Bras et cœur avec vous je m'engage,
Et vous offre pour gage,
Pour otage
Mon fils, mon seul enfant.

SAMUEL.

Apprends-nous au moins la cause?...

RENATO.

Ne demandez pas autre chose :
Qu'il meure! ou de mon fils vous verserez le sang.

(Ils unissent leurs mains.)

Tous les trois pour venger notre injure,
Unissons nos cœurs et notre main,
Et surtout point de grâce au parjure,
De Richard le trépas est certain.

ENSEMBLE.

Tous les trois, etc.

RENATO.

Je réclame, avant tout, une faveur...

SAMUEL.

Laquelle?

RENATO.

C'est l'honneur de frapper le premier.

SAMUEL.

Trop de zèle!

Plus que tout autre, j'ai des droits;
Par son ordre arbitraire
J'ai perdu les biens de mon père.

TOM.

Il a pris les jours de mon frère,
En invoquant l'appui des lois.
Richard mérite ma colère,
Je veux ma vengeance.

RENATO.

En tel cas
Remettons-nous au sort pour finir ces débats.

(Il va prendre un des vases qui sont sur la cheminée, et le place sur la table,
écrit trois noms et les jette dans l'urne. Au moment où ils vont prendre
chacun un billet, Amalia rentre par la gauche, tenant une lettre à la main.)

SCÈNE IV.

LES MÊMES, AMALIA.

SAMUEL, qui s'est retourné avec frayeur, va au-devant d'Amalia.

Quelqu'un vient... Vous?

AMALIA, remettant la lettre à Renato.

Le comte à son bal vous invite.

RENATO.

Richard!... C'est bien; j'irai!

(A sa femme.)

Vous, restez près de moi!

·Prenez part au débat qui s'agite.

AMALIA, à part.

Je vois trop le projet qu'il médite,
Qu'il frappe donc, je mourrai sans effroi.

RENATO, à Samuel et Tom qu'il conduit à l'écart.

Point d'éclat, de scandale.

(A Amalia qu'il mène à la table.)

Ma femme ignore tout. Dans cette urne fatale,
Tirez un nom de votre main loyale.

AMALIA, tremblante, hésite.

Pourquoi donc?

RENATO.

Je le veux! et mon ordre est formel.

AMALIA, à part.

Je seconde en tremblant leur dessein criminel;
Tout me le prouve; oui, je sers leur vengeance!

(Elle s'approche lentement de la table; Renato la terrifie de son regard, en lui désignant l'urne; Amalia en détournant la tête, met la main dans le vase et en tire un billet qu'elle donne à Renato, qui le passe à Samuel.)

RENATO, tremblant d'émotion.

Qui l'emporte de nous?

SAMUEL, lisant.

Renato!

RENATO.

Joie immense!
Toi qui connais l'offense,
O Dieu! guide mon bras!

AMALIA.

Dans ses yeux, au transport qui l'anime,
Tout m'est révélé, je vois un crime,
Maintenant je connais la victime,
Ah! Richard, c'en est fait, tu mourras!

RENATO, SAMUEL, TOM.

Mes amis, que rien ne nous arrête,
C'est justice! à frapper qu'on s'apprête,
Oui, sa mort est pour nous une fête;
Ah! frappons ce tyran sans honneur.

AMALIA.

Du danger suspendu sur sa tête,
Sauvez-le, cette fois, ô Seigneur!

SCÈNE V.

LES MÊMES, OSCAR.

(Oscar paraît sur le seuil de la porte à droite.)

RENATO.

Pourquoi vous arrêter? Entrez, entrez, beau page.

OSCAR, allant à Amalia.

A sa fête, aujourd'hui, mon maître vous engage,
Et le noble comte a l'espoir,
Signora, de vous recevoir.

AMALIA.

Non, page.

RENATO.

Eh! quoi, Richard reçoit?

OSCAR.

Certes!

SAMUEL et TOM.

C'est l'heure.

RENATO, regardant ses complices.

Si je n'y vais danser avec vous, que je meure.

OSCAR.

Le bal sera fort gai, charmant, délicieux.

RENATO.

J'accepte donc! j'accepte pour tous deux.

(Il montre Amalia.)

ENSEMBLE.

OSCAR.

Qui pourrait refuser une fête brillante,
Messieurs, hâtez-vous d'y courir;
Pour le plaisir pas un moment d'attente,
C'est une fleur qu'il faut cueillir.

RENATO, SAMUEL, TOM.

A nos coups il vient s'offrir,
C'est l'instant de le punir.

AMALIA.

Ah! devais-je ainsi les servir,
C'est par ma main qu'il va périr.

OSCAR.

Le bal sera riant et beau,
D'y manquer aucun n'est capable.

SAMUEL, TOM.

Une vengeance en domino,
L'instant est favorable.

RENATO, à ses complices.

Messieurs, c'est le moment fatal,
Soyons prêts au premier signal.

AMALIA.

Grand Dieu! vois mon martyre,
Qui pourrait donc lui dire?
Ulrique peut l'instruire...

TOM ET SAMUEL, à Renato.

Le costume sera?

***

RENATO.

Domino bleu céleste,
Écharpe rouge... pour le reste...

SAMUEL ET TOM.

Et quels mots diront notre accord?

RENATO.

Ces mots seront : LA MORT !

ENSEMBLE.

AMALIA.

O mon Dieu ! veille sur son sort.

OSCAR.

Le plaisir vient, rions du sort.

RENATO, SAMUEL, TOM.

Richard, pour toi la mort !

ACTE CINQUIÈME

Cabinet dans le palais du gouverneur, de deux plans de profondeur.
Grand rideau au fond cachant la salle de bal. A gauche, une
table et ce qu'il faut pour écrire ; un siége à droite de la table.

—

SCÈNE PREMIÈRE.

RICHARD, seul, assis et occupé à écrire.

Enfin, elle est sauvée et désormais,
Nous serons séparés sans doute et pour jamais !
Il faut bien s'y soumettre
Le devoir parle en maître,
Obéissons à ses cruels arrêts.

(Il écrit.)

Adieu, cher ange, adieu, fuis-moi,
Dieu le veut ; mon âme, tais-toi.

(Au moment de signer, il laisse tomber sa plume et se lève.)

J'hésite encor ! oh ! non, Dieu me l'ordonne,
Toi, que j'adore hélas, je t'abandonne,
Adieu, je vais vivre sans toi
Que ton cœur me pardonne,
Reçois les serments et la foi
Qu'ici mon cœur te donne.
Ah ! sans te voir je vais souffrir ;
Mais, par ton souvenir
Je saurai vivre et mourir.
Lorsque tu m'es ravie,
Toi, que j'ai tant chérie,
Dis-moi, ma douce amie,
Que vaut sans toi la vie.
Tout finit sans retour.
Me faut-il, en ce jour,
Porter le deuil de mon amour ?

(Montrant le fond.)

Et pourtant elle est là... c'est elle,
Je puis la voir encor, du bal c'est la plus belle ;
La voir ! oh ! mon cœur faiblirait,
Le sien... oh ! le sien souffririat,

SCÈNE II.

RICHARD, OSCAR.

OSCAR, tenant à la main une lettre.
Une femme inconnue, à vous me fait remettre,
Mais, bien en secret, cette lettre.
     RICHARD, la lisant.
On me fait savoir
Qu'on en veut à ma vie.
C'est bien... j'irai ce soir;
Dans l'instant on va m'y voir.
       (A Oscar.)
Et toi, va dire : mon maître,
A ce bal veut bien paraître.
       (Osear sort.)

SCÈNE III.

RICHARD, seul.

Ah! sans doute elle y brillera,
Mon cœur l'y cherchera,
Cher ange! Richard te reverra !

———

DEUXIÈME TABLEAU

Grande salle de bal splendidement éclairée. Orchestre sur le théâtre. Galerie au fond où se promènent les dames et seigneurs, en costumes de carnaval et en dominos. Serviteurs portant des plateaux, etc.

—

SCÈNE IV.

CHŒUR.

Loin de nous la tristesse,
Soirée enchanteresse,
   Charmez sans cesse
Plaisirs, aimable ivresse,
Les jours de la jeunesse.
O nuit ! suspends ton cours !
Pour notre âme enivrée,
Prolonge ta durée,
   Et deviens l'empirée
Des jeux et des amours !

SCÈNE V.

RENATO, SAMUEL, TOM, LEURS PARTISANS, CHŒUR.

(Les conjurés ont un domino bleu clair avec une écharpe rouge.)

SAMUEL, montrant Renato à Tom.
Ce masque est-il des nôtres ?

(Allant à Renato, à voix basse.)
La mort !

RENATO, lui répondant.
La mort ! la mort !... Mais viendra-t-il ?

TOM.
Sans doute !

RENATO.
Qui pourra l'y contraindre ?

SAMUEL ET TOM.
Le sort.

RENATO.
Qui sait ? Peut-être il le redoute.

***

Silence !... Au moins parlez plus bas.
On nous observe,
Quelqu'un est sur nos pas.

SAMUEL.

Le démon le préserve.

RENATO, désignant Oscar, qui sort de la foule dans un élégant costume de
carnaval.

Là !... là, ce masque ! Éloignez-vous de moi.

(Samuel et Tom se perdent dans la foule.)

SCÈNE VI.

RENATO, OSCAR.

OSCAR, s'avançant plus près de Renato.

Bonsoir, beau masque. Ah ! par ma foi !
Sous ce costume...

RENATO, le repoussant.

Arrière !

OSCAR, le poursuivant.

Eh ! c'est vous, Renato ?

RENATO se retourne et lui arrache son masque.

Mais Oscar, c'est bien toi ?

OSCAR.

Allons, point de colère.

RENATO, se ravisant.

Oui, c'est mal, en effet ;
Mais quel habit coquet !
D'où vient qu'en ce bel équipage
Tu sois ici, beau page,
Quand Richard dort, je gage ?

OSCAR.

Il est au bal !

RENATO.

Bien vrai ?

OSCAR.

Sans doute.

RENATO, à part.

Lui ! grand Dieu !

OSCAR.

Pourquoi s'en étonner ? Il est au bal... Adieu !

(Il va pour sortir, Renato le retient.)

RENATO.

Deux mots.

OSCAR.

Pas un. Je veux danser.

RENATO.

Arrête!

Dis-moi.

OSCAR.

Je veux partir, car là danse s'apprête.
Qui peut me retenir?

RENATO.

Voyons, Richard est là!
Dis-moi quel costume il a.

OSCAR.

CHANSON.

Que vous importe
L'habit qu'il porte?
C'est un mystère,
Il faut le taire.
Je le sais bien
Et n'en dis rien.
    Tra, la, la, la, la, etc.
Nul ne saura
Ce secret là.
    Tra, la, la, la, la, etc.

II

J'aime une belle,
Dire laquelle
Est félonie,
Et de ma vie
Nul ne saura
Ce secret là.
    Tra, la, la, la, la, etc.

(En ce moment des groupes de danseurs masqués traversent le théâtre et séparent Oscar et Renato.)

REPRISE DU CHŒUR.

Loin de nous la tristesse,
Etc., etc.

(Les chœurs remontent vers la galerie et se dissipent dans le fond.)

RENATO, qui a rejoint Oscar et le ramène sur le devant de la scène.

Tu sais que de Richard je fus toujours l'ami?

OSCAR.

Oui, son ami fidèle;
Mais l'intrigue vous plait, il me semble, aujourd'hui.

RENATO.

Oui, vraiment.

OSCAR.

Si l'on parle, on peut se voir trahi,
Est-ce vrai?

RENATO.

Non par moi. Je promets que ton zèle
Sera récompensé par moi comme par lui.

OSCAR.

Je n'y crois pas.

RENATO.

Pourtant il faut que d'une affaire,
J'instruise ton cher maître et sans aucun retard.
Tout délai lui serait contraire.
Tu crains de lui déplaire?

OSCAR.

Oui.

RENATO.

Comment est vêtu, dis-moi, ce cher Richard?

(Il se rapproche d'Oscar.

Dis...

OSCAR, à demi-voix.

Un domino noir; sur le sein ruban rose.

RENATO.

N'a-t-il rien autre chose?

OSCAR, s'enfuyant.

En parlant je m'expose.

(Il se perd dans la foule avec Renato. Les chœurs reparaissent.)

REPRISE DU CHŒUR.

Loin de nous la tristesse,
Etc., etc.

SCÈNE VII.

RICHARD, suivi d'AMALIA.

Richard porte un domino noir avec un nœud de ruban rose sur la poitrine;
Amalia est en domino blanc.)

AMALIA, déguisant sa voix.

Quoi! vous ici? Fuyez vite!

RICHARD, lui montrant une lettre qu'il tient à la main.
C'est toi qui l'as écrite ?

AMALIA.
Le crime veille et s'agite !

RICHARD.
Je l'attendrai, sans reculer d'un pas.

AMALIA.
De grâce ! ah ! par pitié ! redoutez le trépas !

RICHARD.
Dis ton nom ou je reste...

AMALIA.
Oh ! non, c'est impossible

RICHARD.
Tu pleures ? Quel est donc ce secret si terrible ?
A mon sort qui donc te rend sensible ?

AMALIA.
Comment ne vois-tu pas en moi ton défenseur ?
Et que pour toi mourir, serait mon seul bonheur ?

RICHARD.
Tu te caches en vain...

AMALIA.
Vois mes vives alarmes,
Ecoute mes avis ;
La vengeance est en armes,
Ah ! crains d'être surpris.
La haine ici te guette,
La mort est sur ta tête,
Evite la tempête
Et crains tout de tes ennemis.

RICHARD.
Ma parole est sacrée,
J'accepte la foi jurée.
Je veux, c'est là mon seul désir,
Dans tes bras je veux mourir !

AMALIA.
C'est toi qui veux me voir périr !
Adieu, Richard, je dois te fuir !
Ah ! si je te suis chère,
Laisse-moi m'éloigner de tes yeux !

RICHARD.
Eh bien, j'y consens, je le veux...
Amalia, vous partirez tous deux !

AMALIA.

Tous deux?

RICHARD.

Oui, tous deux pour l'Espagne...
Ton époux t'accompagne!
Mais te quitter... sans un baiser !

AMALIA.

Par grâce!

RICHARD.

Eh quoi, me refuser?
O mon Amalia !

AMALIA, hors d'elle-même.

Je t'aime!

RICHARD.

Redis-le-moi, l'adieu suprême,
Que j'entendrai seul avec Dieu !

AMALIA, s'arrachant de ses bras.

Adieu!

RICHARD.

Adieu !

SCÈNE VIII.

LES MÊMES, RENATO.

(Renato, qui, sur la fin de la scène, s'était montré s'élance sur Richard et le
frappe au cœur. Richard tournoie sur lui-même et tombe aux pieds d'A-
malia.)

RENATO, frappant Richard.

Traître, voici le mien !

RICHARD, tombant.

O ciel ! je meurs!

AMALIA.

O crime !

(Courant appeler du secours.)

Au meurtre !

SCÈNE IX.

LES MÊMES, OSCAR, puis TOM, SAMUEL, GARDES, MASQUES, etc., etc.

OSCAR.

Dieu puissant! qui donc est là victime?

CHŒUR.

Richard!... Et l'assassin?

RICHARD, montrant Renato.

C'est lui !

(On arrache le masque de Renato.)

TOUS.

C'est Renato !

O trame horrible ! assassin, tu mourras !
Oui, sous nos coups tu tomberas !

(On va le frapper, Richard fait un geste de pardon.)

RICHARD.

Non, non ! ne frappez pas !

(Il fait signe à Renato d'approcher, tire de sa poche un billet qu'il lui montre.)

Viens, viens... tu t'es vengé ! Cependant, je le jure,
Ta compagne est toujours pure ;
Je l'aimais sans l'outrager,
Je veux encor la protéger.

(Il lui donne le billet.)

Elle a pu m'aimer sans crime,
Ah ! que seul je sois victime !
Et je vais bénir mon sort
En te pardonnant ma mort.

OSCAR.

O Dieu juste, en toi j'espère ;

AMALIA.

O remords ! ô jour affreux !

OSCAR.

Daigne écouter ma prière.

AMALIA.

Le voir périr sous mes yeux !

RENATO.

Mon cœur n'a plus de prière ;
Dieu puissant, dans ta colère,
Frappe ! au démon j'appartiens.

RICHARD.

Tu vivras, Renato... viens !
Prends ma main, je te la donne...
Dieu m'entend... je te pardonne.

TOUS.

Dieu, ranime ce grand cœur,
Conserve-nous les jours d'un père.

SAMUEL ET TOM.

Je sens fléchir ma colère,
Elle s'éteint dans mon cœur.

RICHARD, mourant.

Seigneur, Seigneur, pardonne,
Je vais chercher ma couronne ;

Par tes mains je deviens martyr,
Mais Dieu verra ton repentir.

(A Renato.)

Approche... mon âme... se glace...
Je meurs... que... tout... s'efface.

(Faisant un dernier effort.)

Adieu !...

(Montrant Amalia.)

Fais grâce !...

(A Amalia.)

A toi... toujours... toujours !...

(Il meurt.)

TOUS.

Seigneur, sauvez ses jours !

FIN.

Clichy. — Impr. M Loignon, Paul Dupont et Cie, rue du Bas-d'Asnières,

www.ingramcontent.com/pod-product-compliance
Lightning Source LLC
LaVergne TN
LVHW022213080426
835511LV00008B/1739